Lettres de mon moulin

Adaptation et activités de **Jimmy Bertini**

Illustrations d'**Ivan Canu**

Rédaction : Maréva Bernède, Cristina Spano
Direction artistique et conception graphique : Nadia Maestri
Mise en page : Carla Devoto, Simona Corniola
Recherche iconographique : Laura Lagomarsino

Première édition : janvier 2010

Crédits photographiques : Archives Cideb ; De Agostini Picture Library : pages 4, 19 bd, 20, 41.

Vous trouverez sur notre site (espace étudiants et enseignants) les liens et adresses Internet utiles pour compléter les dossiers et les projets abordés dans le livre.

Pour toute suggestion ou information, la rédaction peut être contactée à l'adresse suivante :
info@blackcat-cideb.com
blackcat-cideb.com

The Publisher is certified by

 CISQCERT

in compliance with the UNI EN ISO 9001:2000 standards for the activities of 'Design, production, distribution and sale of publishing products.' (certificate no. 04.953)

ISBN 978-88-530-1026-1 livre + CD

Imprimé en Italie par Litoprint, Gênes

Sommaire

ALPHONSE DAUDET		4
La chèvre de monsieur Seguin	PREMIÈRE PARTIE	7
	DEUXIÈME PARTIE	13
Le secret de maître Cornille	PREMIÈRE PARTIE	23
	DEUXIÈME PARTIE	31
La mule du pape	PREMIÈRE PARTIE	42
	DEUXIÈME PARTIE	48
	TROISIÈME PARTIE	55
DOSSIERS	La Provence	19
	Les moulins	38
PROJETS INTERNET		29, 54
ACTIVITÉS		5, 6, 10, 12, 17, 21, 22, 27, 30, 35, 40, 45, 51, 58
TEST FINAL		62

Le texte est intégralement enregistré.

Ce symbole indique les enregistrements et le numéro de leur piste.

DELF Les exercices qui présentent cette mention préparent aux compétences requises pour l'examen.

Alphonse Daudet

Alphonse Daudet est né à Nîmes le 13 mai 1840. Il passe son enfance en Provence, mais en 1855, sa famille déménage à Lyon parce que l'entreprise de son père fait faillite [1]. Dans cette ville, le jeune Alphonse connaît la pauvreté. Obligé de travailler, il devient, à l'âge de seize ans, maître d'études [2] au collège d'Alès. Il raconte cette expérience difficile dans son premier roman publié en 1868, *Le Petit Chose*. Sensible et intelligent, Daudet part ensuite à Paris pour devenir écrivain. Au début, il mène une vie difficile et misérable dans la capitale.

En 1858, il publie son premier recueil de vers, *Les Amoureuses*, qui connaît un grand succès. Alphonse Daudet devient célèbre et commence à travailler pour plusieurs journaux. Suite à des problèmes de santé, Daudet fait plusieurs séjours en Provence. Cette région le fascine et il s'inspire de ses voyages dans le Midi [3] pour

1. **Faire faillite** : pour un commerçant, ne plus réussir à payer ses factures.
2. **Un maître d'études** : aux XVIIe et XIXe siècles, personne qui s'occupe de faire étudier les élèves des internats.
3. **Le Midi** : nom donné au sud de la France.

écrire, en 1869, les *Lettres de mon moulin*, puis *Tartarin de Tarascon* en 1872. À partir de 1874, il publie plusieurs romans réalistes : *Fromont jeune et Risler aîné* (1874), *Le Nabab* (1878), *L'Évangéliste* (1882)... Il publie également les *Contes du lundi* (1873) et *L'Arlésienne* (1872), un drame en trois actes accompagné des musiques de Bizet.

Alphonse Daudet a été à la fois romancier, conteur, poète et dramaturge. Il est mort le 16 décembre 1897. Il est enterré à Paris, au cimetière du Père-Lachaise.

Le livre : *Lettres de mon moulin*

C'est un recueil de contes qui parle de la région préférée d'Alphonse Daudet : la Provence. Au début du livre, l'auteur explique qu'il a écrit les vingt-quatre lettres de cette œuvre dans un vieux moulin provençal qu'il a acheté. Dans ces histoires, Alphonse Daudet décrit, avec humour, poésie et sagesse, des personnages pittoresques [4] : un curé, un amoureux, un berger, un meunier, un préfet... Cette œuvre, publiée en 1869, puis en 1879, est le livre le plus connu d'Alphonse Daudet.

Compréhension écrite

1 **Lisez le dossier, puis dites si les affirmations sont vraies (V) ou fausses (F).**

		V	F
1	Alphonse Daudet est né à Nîmes en 1860.		
2	Il déménage à Lyon pour des problèmes de santé.		
3	À seize ans, il devient maître d'études à Alès.		
4	Son premier recueil de vers s'intitule *Le Petit Chose*.		
5	Daudet collabore avec des journaux après 1858.		
6	La Bretagne est la région préférée d'Alphonse Daudet.		
7	Il était romancier, conteur, poète et dramaturge.		
8	Il y a quatorze histoires dans les *Lettres de mon moulin*.		

4. **Pittoresque** : synonyme d'original.

Avant de lire

1 Les mots suivants sont utilisés dans le chapitre. Associez chaque mot à l'image correspondante.

a   un paysan   d   une chèvre   g   un loup

b   une corde   e   un jardin   h   un piquet

c   un sabot   f   un pré   i   des poils

La chèvre de monsieur Seguin

PREMIÈRE PARTIE

Monsieur Seguin, un vieux paysan, habite en Provence. Il adore 🔲
les animaux mais, malheureusement, il n'a pas de chance avec
ses chèvres. En effet, elles meurent toutes de la même manière :
elles cassent leur corde, s'enfuient[1] dans la montagne et là-haut,
le loup les mange. Rien ne retient les chèvres : ni les caresses de
leur maître, ni la peur du loup !

Monsieur Seguin est très triste : il a déjà perdu six chèvres.
« Que faire ? pense-t-il. Les chèvres sont trop indépendantes et
elles s'ennuient chez moi ! »

Cependant, il ne se décourage pas et décide d'acheter une
septième chèvre. « Cette fois, se dit-il, je vais la prendre très
jeune pour qu'elle s'habitue à rester chez moi ».

Le paysan achète une nouvelle chèvre et l'installe dans son
jardin. Là, il l'attache à un piquet en bois avec une très longue
corde pour lui laisser beaucoup de liberté.

Monsieur Seguin adore regarder sa chèvre, qu'il appelle Blanquette.

---

1. **S'enfuir** : partir très vite.

7

« Ah ! Qu'elle est jolie ma Blanquette avec ses petites cornes, ses beaux sabots noirs et ses longs poils blancs ! Et comme elle semble contente ! Elle ne s'ennuie pas ici ! »

En effet, Blanquette est très heureuse : le vieux paysan est gentil avec elle et l'herbe du jardin est excellente.

Un jour, cependant, la chèvre regarde la montagne et se dit : « Comme on doit être bien là-haut ! Je ne veux plus être attachée, je veux courir dans les prés. »

À partir de ce jour-là, Blanquette devient très triste et refuse de manger. Toute la journée, elle tire sur sa corde en direction de la montagne. Un matin, elle dit à monsieur Seguin :

— Monsieur Seguin, laissez-moi partir, s'il vous plaît !

— Ah, toi aussi, Blanquette, tu veux me quitter ? Pourquoi ? L'herbe du jardin n'est pas assez bonne ? La corde est trop courte ?

— Non, ce n'est pas ça, répond la chèvre. Je veux aller dans la montagne.

— Mais il y a le loup dans la montagne ! s'exclame le vieux paysan. Il va te dévorer, comme il a dévoré la vieille Renaude. Ah, la pauvre ! Elle s'est battue avec lui toute la nuit...

Mais Blanquette est très têtue [2] et l'histoire de la Renaude ne l'effraie [3] pas.

— Moi, je n'ai pas peur du loup ! dit la chèvre. S'il vous plaît, monsieur Seguin, laissez-moi aller dans la montagne !

Monsieur Seguin est très triste. « Encore une chèvre que le loup va manger » pense-t-il. Soudain, il se lève et crie à Blanquette :

— Eh bien, non ! Le loup ne va pas te manger parce que je vais t'enfermer dans l'étable [4] et tu ne pourras pas te sauver !

---

2. **Têtu** : obstiné, qui ne veut pas changer d'idée.
3. **Effrayer** : faire très peur.
4. **Une étable** : endroit où dorment les vaches, les bœufs, les chèvres...

Compréhension écrite et orale

DELF **1** Écoutez l'enregistrement du chapitre, puis dites si les affirmations suivantes sont vraies (V) ou fausses (F).

		V	F
1	Monsieur Seguin habite en Provence.	☐	☐
2	Il a déjà perdu huit chèvres.	☐	☐
3	Il installe la chèvre dans son jardin.	☐	☐
4	La chèvre de monsieur Seguin s'appelle Blanquesse.	☐	☐
5	La chèvre a de longs poils noirs.	☐	☐
6	La chèvre veut aller dans la montagne.	☐	☐

Enrichissez votre **vocabulaire**

1 Associez chaque nom d'animal à l'image correspondante.

a un cochon   **c** un lapin   **e** une poule

b une vache   **d** un canard   **f** un cheval

Grammaire

Les adjectifs irréguliers

Certains adjectifs ont deux formes au masculin singulier. Ces adjectifs sont **beau, fou, nouveau** et **vieux**. La seconde forme s'emploie devant les noms qui commencent par une voyelle ou un **h** muet.

> *nouveau/nouvel* : *un nouveau livre, un* **nouvel** *animal*
>
> *vieux/vieil* : *un vieux paysan, un* **vieil** *homme*
>
> *beau/bel* : *un beau jardin, un* **bel** *hôtel*
>
> *fou/fol* : *un amour fou, un* **fol** *amour*

1 Choisissez l'adjectif qui convient.

1 Le *vieux/vieil* paysan a acheté un *nouveau/nouvel* animal.

2 C'est un *beau/bel* homme : il a gagné un concours de beauté.

3 Ce jardin est *beau/bel* : il est très fleuri.

4 L'entreprise a un *nouveau/nouvel* directeur.

5 Il aime cette femme d'un *fou/fol* amour.

6 Tu es *fou/fol* ! Ce *nouveau/nouvel* arc coûte très cher !

7 Il m'a présenté son *nouveau/nouvel* mari.

8 J'habite un *vieux/vieil* immeuble dans le centre-ville.

9 Tu viens fêter le *nouveau/nouvel* an avec nous ?

10 Quel *beau/bel* oiseau !

Production écrite et orale

DELF 1 Votre meilleur ami vous annonce qu'il va partir très loin. Quelle est votre réaction ?

DELF 2 Quel est votre animal préféré ? Pourquoi ?

Avant de lire

1 Les mots suivants sont utilisés dans le chapitre. Associez chaque mot à l'image correspondante.

a un châtaigner   c un torrent   e un troupeau
b la fourrure   d un bois   f une trompe

2 Associez chaque mot ou expression à son synonyme.

1 ☐ Les arbres <u>fêtent</u> l'arrivée de Blanquette.   a un cri aigu
2 ☐ <u>Un hurlement</u> fait sursauter Blanquette.   b accueillir avec joie
3 ☐ La chèvre <u>vit en captivité</u>.   c disparaître
4 ☐ Les étoiles <u>s'éteignent</u>.   d blanche
5 ☐ Une <u>pâle</u> lumière se lève.   e son souffle
6 ☐ Le loup reprend <u>haleine</u>.   f ne pas être libre

Monsieur Seguin enferme Blanquette dans l'étable. Malheureusement, dans l'agitation, il a oublié de fermer la fenêtre… Une fois le paysan parti, la chèvre s'échappe et va dans la montagne. Quand elle arrive tout en haut, les arbres et les fleurs sont émerveillés [1] devant cette jolie petite chèvre.

— C'est la première fois que nous voyons une petite chèvre aussi adorable ! s'exclament les vieux sapins.

Toute la montagne fête l'arrivée de Blanquette. Les châtaigniers se baissent pour la caresser et les fleurs s'ouvrent sur son passage pour libérer leur parfum. On la reçoit comme une véritable reine. Comme Blanquette est heureuse ! Plus de corde ni de piquet !

— Ici, je peux courir comme je veux, crie-t-elle, et manger toute l'herbe que je désire ! Et puis, l'herbe de la montagne est vraiment délicieuse ! Je la préfère à l'herbe du jardin de monsieur Seguin !

Blanquette est très contente : elle saute de rocher en rocher, se roule dans les feuilles, court dans le bois et traverse de grands torrents. C'est la première fois qu'elle s'amuse autant !

1. **Émerveiller** : remplir d'admiration.

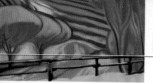

À un moment donné, elle se repose un peu et elle aperçoit la maison de monsieur Seguin en bas, tout en bas dans la plaine[2].

« Que c'est petit ! » pense-t-elle. « Je ne sais pas comment j'ai fait pour rester dans un jardin aussi minuscule ! »

Blanquette se met à rire, puis elle recommence à jouer. Elle passe la journée à courir entre les arbres, à manger de délicieuses fleurs sauvages et à se baigner dans le torrent. Soudain, le vent se lève et la montagne devient violette : le soir est arrivé.

« Déjà ! » s'exclame la petite chèvre. « Je me suis beaucoup amusée et je n'ai pas vu le temps passer ! »

Elle regarde alors en bas, tout en bas dans la plaine, et elle aperçoit la maison de monsieur Seguin qui disparaît dans le brouillard[3]. Elle entend ensuite un troupeau qui rentre à l'étable et elle se sent triste. Blanquette se sent très seule... Tout à coup, un hurlement la fait sursauter...

« Le loup ! » pense-t-elle. « Je me suis amusée toute la journée et j'ai oublié le loup ! »

Au même moment, elle entend le bruit d'une trompe. C'est monsieur Seguin qui essaie de faire revenir sa Blanquette.

— Hou ! Hou ! fait le loup.

— Reviens ! Reviens ! crie la trompe.

Blanquette veut retourner chez monsieur Seguin, mais elle se rappelle le piquet, la corde et le petit jardin. Maintenant, elle connaît la liberté et elle sait qu'elle ne peut plus vivre en captivité. Elle décide donc de rester dans la montagne. Soudain, elle entend un bruit derrière elle. Elle se retourne et voit dans l'ombre deux oreilles courtes et droites et deux yeux qui brillent... C'est le loup !

---

2. **Une plaine** : grande étendue plate.
3. **Le brouillard** : air humide qui flotte près du sol.

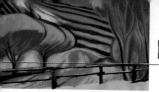

Énorme et terrifiant, le loup regarde Blanquette. Il prend son temps : il sait qu'il va manger la petite chèvre de monsieur Seguin.

Blanquette a peur. Elle regarde à droite et à gauche, affolée. Que faire ? Le loup commence à rire méchamment.

« Je préfère que le loup me mange tout de suite » se dit-elle.

Mais elle se rappelle l'histoire de la vieille Renaude qui s'est battue toute la nuit. Blanquette sait qu'elle ne peut pas gagner le combat, mais elle décide de se battre. « Je vais me battre avec mes cornes, se dit-elle, comme une brave chèvre de monsieur Seguin que je suis ! ». En réalité, elle espère seulement une chose : résister aussi longtemps que la Renaude...

Soudain, le loup attaque Blanquette qui se défend de toutes ses forces. Blanquette est une chèvre tenace[4] et courageuse. De temps en temps, elle regarde les étoiles danser dans le ciel et elle pense : « Je dois résister jusqu'à l'aube[5], comme la pauvre Renaude... »

Les unes après les autres, les étoiles s'éteignent. Blanquette multiplie alors les coups de cornes et le loup, les coups de dents... Au loin, dans la vallée[6], on entend le chant du coq, puis une pâle lumière se lève à l'horizon.

« Le jour est enfin arrivé ! » pense Blanquette. « Je peux mourir, maintenant... »

La pauvre bête s'allonge alors dans l'herbe. Sa belle fourrure blanche est tachée de sang... Le loup reprend haleine, puis il se jette sur la petite chèvre et la mange...

---

4. **Tenace** : qui continue une action malgré les difficultés.
5. **L'aube** : moment où le soleil se lève.
6. **La vallée** : endroit formé par une rivière entre deux montagnes.

Compréhension écrite et orale

1 Lisez le chapitre, puis cochez la bonne réponse.

1 Blanquette s'enfuit de l'étable pour aller dans
  a ☐ la montagne.   **b** ☐ les bois.   **c** ☐ la plaine.

2 Les arbres et les fleurs reçoivent Blanquette avec
  a ☐ gentillesse.   **b** ☐ méchanceté.   **c** ☐ indifférence.

3 Blanquette passe toute la journée à
  a ☐ s'ennuyer.   **b** ☐ s'amuser.   **c** ☐ pleurer.

4 Lorsque la montagne devient violette, Blanquette se sent seule
  a ☐ mais heureuse. **b** ☐ et triste.   **c** ☐ et fatiguée.

5 Blanquette décide de se battre contre le loup comme la vieille
  a ☐ Renaude.   **b** ☐ Penaude.   **c** ☐ Repaude.

6 Blanquette est une chèvre
  a ☐ peureuse.   **b** ☐ timide.   **c** ☐ courageuse.

Enrichissez votre **vocabulaire**

1 Complétez les phrases avec la couleur qui convient.

noir	verte	blanche	rouge	bleu	violette

1 L'herbe est
....

2 La fleur est
....

3 Le loup est
....

4 La chèvre est
....

5 La fraise des bois
est ....

6 Le ciel est
....

Grammaire

Les pronoms relatifs *qui* et *que*

Les pronoms relatifs relient deux phrases entre elles et évitent ainsi de répéter un sujet ou un complément déjà cités.

*Blanquette aperçoit <u>la maison</u>. **La maison** disparaît dans le brouillard.*
*Blanquette aperçoit <u>la maison</u> **qui** disparaît dans le brouillard.*

Qui

Le pronom relatif **qui** reprend le sujet du verbe qui suit. Il se rapporte à des personnes ou à des choses. Il ne s'élide jamais devant une voyelle ou un **h** muet.

*Elle entend ensuite <u>un troupeau</u> **qui** rentre à l'étable.*

Que

Le pronom relatif **que** reprend le complément d'objet du verbe qui suit. Il se rapporte à des personnes ou à des choses. Il s'élide devant une voyelle ou un **h** muet.

*Le loup regarde <u>la chèvre</u> **qu'il** veut manger.*

1 Complétez les phrases avec *qui*, *que* ou *qu'*.

1   Blanquette entend le troupeau .... rentre à l'étable.
2   Monsieur Seguin a une chèvre .... il veut garder.
3   Blanquette court dans un bois .... je connais bien.
4   Le vieux paysan a une maison .... a un grand jardin.

Production écrite et orale

DELF **1** Avez-vous déjà eu peur face à un animal ? Racontez votre aventure en quelques lignes.

La Provence

La Provence compte aujourd'hui environ 2 600 000 habitants. Elle est rattachée à la région **Provence-Alpes-Côte d'Azur** (PACA), l'une des 22 régions administratives de la France. Elle s'étend de l'est du Rhône au Var et elle comprend les départements des Bouches-du-Rhône, du Vaucluse, des Alpes-de-Haute-Provence, du Var, des Alpes-Maritimes et une partie de la Drôme.

Le climat, le paysage et la cuisine

Le climat et l'ensoleillement de la Provence sont exceptionnels : l'été est sec et l'hiver est doux, surtout sur la côte. On peut visiter cette région colorée toute l'année. Cependant, il faut souvent se protéger du vent : le célèbre **mistral** souffle dans la vallée du Rhône environ cent jours par an et ses rafales peuvent atteindre 100 km/h.

La daube

On va en Provence pour contempler ses paysages, admirer ses grands champs de **lavande** ou ses nombreux **oliviers**, écouter le chant des **cigales** [1]… Mais on y va également pour goûter ses spécialités culinaires : la **daube**, un plat à base de viande de bœuf, d'oignons et de vin rouge, l'**anchoïade**, une sauce à base d'huile d'olive et d'anchois [2], ou encore la célèbre **bouillabaisse**, une soupe de poisson faite avec des poissons entiers que l'on mange avec du pain grillé.

1. **Une cigale** : insecte qui fait du bruit avec ses ailes.
2. **Un anchois** : petit poisson de la mer Méditerranée.

La Montagne Sainte-Victoire, Paul Cezanne, 1896-98.
Musée de l'Ermitage, Saint-Pétersbourg.

Les artistes

De nombreux écrivains sont nés dans cette région : Alphonse Daudet (1840-1897) est en effet né à Nîmes, Jean Giono (1895-1970) à Manosque et Marcel Pagnol (1895-1974) à Aubagne. Les couleurs, les paysages et la luminosité de la Provence ont également fasciné des peintres célèbres comme Paul Cézanne (1839-1906), Vincent Van Gogh (1853-1890), Marc Chagall (1887-1985), Pablo Picasso (1881-1973)…

Les traditions

Dans certains villages et villes de Provence, on conserve d'anciennes traditions pendant les fêtes de Noël. Cette période commence le 4 décembre et finit à la Chandeleur, le 2 février. La Provence est renommée pour ses **crèches** [3] et ses célèbres **santons**, des figurines fabriquées et peintes à la main qui représentent la Sainte Famille et les Rois mages, mais aussi les petits métiers traditionnels de la Provence : le meunier, le pêcheur, le joueur de tambour…

3. **Une crèche** : représentation de la naissance de Jésus.

Compréhension écrite

1 Lisez le dossier, puis cochez la bonne réponse.

1 Aujourd'hui, combien y a-t-il d'habitants en Provence ?
   - a ☐ 2 600 000.
   - b ☐ 4 600 000.
   - c ☐ 3 600 000.

2 À quelle région la Provence est-elle rattachée ?
   - a ☐ Le Languedoc-Roussillon.
   - b ☐ Les Bouches-du-Rhône.
   - c ☐ La Provence-Alpes-Côte d'Azur.

3 Quels mots représentent le mieux le climat de la Provence ?
   - a ☐ Sec en été, doux en hiver.
   - b ☐ Humide en été, pluvieux en hiver.
   - c ☐ Sec en été, froid en hiver.

4 Qu'est-ce que le *mistral* ?
   - a ☐ Un fleuve important.
   - b ☐ Un vent très fort.
   - c ☐ Une région française.

5 Quels sont les principaux ingrédients de la daube ?
   - a ☐ Vin rouge, viande de poulet et ail.
   - b ☐ Vin blanc, viande de bœuf et anchois.
   - c ☐ Vin rouge, viande de bœuf et oignons.

6 Quel peintre n'a jamais séjourné en Provence ?
   - a ☐ Pablo Picasso.
   - b ☐ Jacques-Louis David.
   - c ☐ Vincent Van Gogh.

7 Qu'est-ce qu'un *santon de Provence* ?
   - a ☐ Un animal.
   - b ☐ Une fête provençale.
   - c ☐ Une figurine fabriquée et peinte à la main.

Avant de lire

1 Les mots suivants sont utilisés dans le chapitre. Associez chaque mot à l'image correspondante.

a   le blé   c   une ferme   e   un buisson
b   un sac   d   un âne   f   des écus

2 Complétez les phrases avec les mots proposés.

> soupçonnent   empoisonner   meunier   avarice
> mistral   convaincre   tramontane   farandole   usine

1   Le .... et la .... sont des vents qui soufflent près de la mer Méditerranée.

2   La .... est une célèbre danse provençale.

3   .... quelqu'un, c'est l'intoxiquer avec du poison.

4   Une .... est un établissement industriel.

5   Il veut .... les villageois : il veut les persuader.

6   Un .... travaille dans un moulin pour fabriquer de la farine.

7   Ils .... le meunier d'avoir un secret : ils pensent qu'il a un secret.

8   L'.............., c'est être attaché à l'argent.

Le secret de maître Cornille

Maître Cornille est un vieux meunier qui fabrique de la farine depuis plus de soixante ans. Il habite en Provence, dans le village de Tarascon, avec sa petite-fille Vivette qu'il adore. À cette époque, les collines sont couvertes de moulins à vent. Le mistral fait tourner les ailes des moulins, et les ânes sont chargés [1] de sacs de farine et de blé. La semaine, on entend les aides-meuniers ouvrir les sacs de blé et crier « dia hue ! » pour faire avancer les ânes. Le dimanche, les habitants du village se rassemblent sur les collines pour faire la fête : on mange, on boit, on chante, on rit, on joue de la musique et on danse la farandole.

Mais un jour, des Parisiens construisent une belle usine à vapeur toute neuve entre Tarascon et Avignon. Séduits par la modernité de l'usine, les paysans de la région décident d'y porter leur blé. Les meuniers, eux, essaient de résister à la concurrence par tous les moyens [2]. Malheureusement, ils abandonnent l'un après l'autre et,

1. **Chargé** : ici, qui porte quelque chose.
2. **Un moyen** : procédé pour obtenir ce que l'on veut.

quelques semaines plus tard, tous les moulins à vent sont fermés. Tous, sauf un : le moulin de maître Cornille. En effet, le vieux meunier continue à se battre pour sauver l'honneur de son moulin.

Depuis l'ouverture de l'usine, maître Cornille est devenu comme fou[3]. Souvent, il va au village pour convaincre les paysans de lui apporter leur blé.

— N'allez pas à l'usine ! hurle-t-il. Ces Parisiens veulent empoisonner la Provence avec leur vapeur. C'est une invention du diable ! Moi, je travaille comme nos ancêtres[4], avec le mistral et la tramontane !

Mais personne n'écoute le vieux meunier, et les paysans continuent de faire leur farine à l'usine à vapeur. Très triste, maître Cornille décide de s'enfermer tout seul dans son moulin. Il est tellement malheureux qu'il dit à sa petite-fille Vivette de partir. Vivette est alors obligée de travailler très dur dans des fermes de la région. Maître Cornille fait souvent plusieurs kilomètres à pied pour aller la voir. Quand il arrive à la ferme, il se cache derrière des buissons, il regarde Vivette pendant des heures et il pleure...

Les habitants du village n'aiment pas le comportement du vieux meunier : ils pensent que maître Cornille n'a pas gardé sa petite-fille près de lui par avarice. De plus, ils soupçonnent le vieil homme d'avoir un grand secret. En effet, personne ne lui apporte plus de blé depuis très longtemps, et pourtant, les ailes de son moulin sont toujours en mouvement. Le soir, les habitants le voient souvent sur les chemins avec son âne chargé de gros sacs de farine.

— Bonsoir, maître Cornille, disent les paysans quand ils le voient.

---

3. **Un fou** : personne qui a des problèmes psychologiques.
4. **Un ancêtre** : personne de la famille encore plus vieux que les grands-parents.

Votre âne est très chargé ! Vous avez beaucoup de travail au moulin en ce moment ?

— Oh, oui ! Énormément ! répond toujours le meunier. Le travail ne manque jamais !

Lorsque les paysans lui demandent d'où vient tout ce blé, maître Cornille met un doigt sur ses lèvres et répond toujours :

— Chut ! C'est un secret... Je peux seulement vous dire que je travaille pour l'exportation...

Le vieux meunier ne donne jamais plus de précisions. Curieux, certains habitants du village essaient de trouver un moyen de découvrir son secret.

— Il faut rentrer dans son moulin..., dit un villageois. Je suis sûr qu'à l'intérieur, il y a plus de sacs d'écus que de sacs de farine !

— C'est une bonne idée, mais c'est impossible ! réplique un autre. Même Vivette n'a pas le droit d'y entrer !

— C'est vrai, dit un troisième. Et puis, la porte du moulin est toujours fermée à clé. Lorsque je passe devant, je vois toujours la même chose : les ailes du moulin qui tournent, le vieil âne qui mange l'herbe et, près de la fenêtre, un grand chat maigre qui regarde méchamment les gens qui s'approchent. Il faut trouver une autre solution...

Compréhension écrite et orale

DELF **1** Écoutez l'enregistrement du chapitre, puis dites si les affirmations suivantes sont vraies (V) ou fausses (F).

		V	F
1	Maître Cornille fabrique de la farine depuis cinquante ans.	☐	☐
2	Le vieux meunier habite dans le village de Tarascon.	☐	☐
3	Maître Cornille a une petite-fille qui s'appelle Ginette.	☐	☐
4	Un jour, des Anglais construisent une usine à Tarascon.	☐	☐
5	Maître Cornille veut sauver l'honneur de son moulin.	☐	☐
6	Abandonnée par son grand-père, Vivette va travailler à l'usine.	☐	☐
7	Les habitants du village pensent que le meunier a un secret.	☐	☐
8	Maître Cornille dit qu'il travaille maintenant pour l'exportation.	☐	☐

2 Associez chaque début de phrase à sa fin.

1 ☐ À cette époque, les collines sont
2 ☐ Le mistral et la tramontane permettent
3 ☐ Les meuniers essaient de résister
4 ☐ Maître Cornille veut convaincre
5 ☐ Les paysans voient souvent maître Cornille
6 ☐ Les habitants du village essaient de trouver

a sur les chemins avec son âne chargé de sacs.
b à la concurrence par tous les moyens.
c de faire tourner les ailes des moulins.
d les paysans de lui apporter leur blé.
e un moyen pour découvrir le secret de maître Cornille.
f couvertes de moulins à vent.

Grammaire

Les adverbes de manière

Les adverbes de manière se forment en ajoutant -**ment** au féminin de l'adjectif ou à son masculin s'il se termine déjà par un **e**.

seul → seule → seule**ment**   brusque → brusque**ment**

Attention ! Certains adverbes se terminent en -**ément**.

énorme → énorm**ément**   précis → précis**ément**

Si l'adjectif masculin se termine par -**ant** ou -**ent**, on remplace ces deux terminaisons respectivement par -**amment** et -**emment**.

méch**ant** → méch**amment**   réc**ent** → réc**emment**

1 Formez l'adverbe à partir de son adjectif.

1 Violent   ....
2 Vrai   ....
3 Facile   ....
4 Immédiat   ....
5 Suffisant   ....
6 Fréquent   ....
7 Précis   ....
8 Intelligent ....

Production écrite et orale

DELF **1** Racontez un secret que vous avez gardé pendant plusieurs années.

28

PROJET INTERNET

Le pain

Rendez-vous sur le site www.blackcat-cideb.com. Écrivez le titre ou une partie du titre du livre dans la barre de recherche, puis sélectionnez le titre. Dans la page de présentation du livre, cliquez sur le nom du projet Internet pour accéder aux liens.

A Cliquez sur la rubrique « Grand public », « Le pain à travers l'histoire », « Les grandes dates du pain ».
  ▶ Quand les premiers moulins hydrauliques sont-ils apparus ?
  ▶ Quand les premières boulangeries sont-elles apparues ?
  ▶ Quand la corporation des boulangers a-t-elle été créée ?
  ▶ Qui a inventé le premier pétrin ?

B Cliquez sur la rubrique « Grand public », « Les différents pains ».
  ▶ Qu'est-ce qu'un *pain maison* ?
  ▶ Qu'est-ce qu'un *pain à l'ancienne* ?
  ▶ Qu'est-ce qu'un *pain de campagne* ?

C Cliquez sur la rubrique « Grand public », « Les pains de France »
  ▶ Quels pains mange-t-on dans le Nord ?
  ▶ Où mange-t-on le *pain à soupe* ?
  ▶ Quels pains mange-t-on en Provence ? Qu'est-ce que la *fougasse* ?

Avant de lire

1 Les mots ou expressions soulignés sont utilisés dans le chapitre. Associez chaque mot ou expression à son synonyme.

1 ☐ Tistet <u>tombe amoureux de</u> Vivette.

2 ☐ Le morceau de pain est <u>par terre</u>.

3 ☐ Dans <u>un coin</u> de la pièce, il y a des sacs.

4 ☐ Il faut trouver <u>un stratagème</u> !

5 ☐ Il veut <u>épouser</u> la jeune femme.

6 ☐ <u>Un détail</u> lui a échappé.

a se marier avec

b un élément

c une tactique

d sur le sol

e un angle

f aime

2 Associez chaque phrase à sa signification.

1 ☐ Il n'y a pas une minute à perdre !

2 ☐ Je n'en crois pas mes yeux !

3 ☐ Pauvre de moi !

4 ☐ Je suis très pressé.

a Je dois me dépêcher.

b Que je suis malheureux !

c J'ai des difficultés à le croire.

d Il faut faire vite !

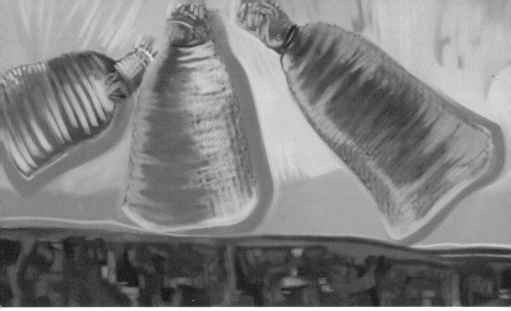

Les semaines, puis les mois passent. Les habitants de Tarascon n'ont toujours pas découvert le secret du vieux meunier. Le soir, ils voient toujours passer maître Cornille avec son âne chargé de sacs.

Un jour, le fils de Francet Mamaï, le joueur de flûte du village, tombe amoureux de la belle Vivette. Monsieur Mamaï se rend alors chez maître Cornille pour le rencontrer. Lorsqu'il arrive au moulin, il frappe à la porte et appelle le vieux meunier.

— Maître Cornille ! Maître Cornille ! Ouvrez-moi la porte, s'il vous plaît. Je viens vous demander si votre petite-fille Vivette peut épouser mon fils.

— Va-t'en ! hurle le vieil homme. Rentre chez toi jouer de la flûte ! Si tu es pressé de marier ton fils, va chercher des filles à l'usine à vapeur !

Francet Mamaï rentre au village pour annoncer la mauvaise nouvelle à son fils et à Vivette.

— Non ! Ce n'est pas possible ! dit Vivette, très triste. Il faut le convaincre ! Allons ensemble au moulin !

Le joueur de flûte accompagne alors les jeunes amoureux chez maître Cornille. Quand ils arrivent sur la colline, le vieux meunier est déjà parti. La porte du moulin est fermée à clé, mais le vieil homme a oublié deux petits détails : la fenêtre est ouverte et la grande échelle est dehors !

— Montons ! dit Vivette. Allons voir ce qu'il y a dans le moulin !

La jeune fille monte à la grande échelle. Quand elle arrive à la fenêtre, elle pousse un cri d'étonnement [1] :

— Oh ! Mais le moulin est vide ! Il n'y a ni blé ni farine !

Vivette se met à pleurer. Elle regarde partout. Le moulin semble abandonné. Il y a un lit en mauvais état, de vieux vêtements par terre et, sur une marche de l'escalier, un petit morceau de pain. Soudain, elle aperçoit quatre sacs ouverts dans un coin de la pièce...

— Voilà ce que mon grand-père transporte tous les soirs sur son âne : des sacs remplis de pierres et de terre blanche ! Voilà son terrible secret ! s'exclame-t-elle, désespérée.

Francet Mamaï et son fils sont bouleversés.

— Pauvre maître Cornille ! dit le jeune homme. L'usine à vapeur lui a volé son travail, et voilà le stratagème qu'il a imaginé pour sauver l'honneur de son moulin et faire croire qu'il faisait encore de la farine !

— Il faut faire quelque chose ! s'écrie Francet Mamaï. Allons voir tous les habitants du village et demandons-leur d'apporter leur blé au moulin ! Dépêchons-nous, il n'y a pas une minute à perdre !

---

1. **L'étonnement** : la surprise.

Les jeunes amoureux et Francet Mamaï retournent immédiatement au village. Deux heures plus tard, maître Cornille revient au moulin. Il s'aperçoit immédiatement que quelqu'un est entré pendant son absence.

— Pauvre de moi ! dit-il. On a découvert mon secret... Le moulin est déshonoré !

Maître Cornille s'assoit sur un sac et se met à pleurer. Soudain, il entend au loin des conversations. Lorsqu'il lève la tête, il voit arriver tous les paysans du village avec leurs ânes chargés de sacs. Quelques minutes plus tard, tout le monde se trouve devant son moulin.

— Ohé, maître Cornille ! dit un paysan. Le moulin est ouvert ? Nous vous apportons un peu de blé !

Le vieux meunier n'en croit pas ses yeux. Il s'approche, met sa main dans un sac et s'écrie :

— C'est vrai, c'est du blé ! Du bon blé ! Laissez-moi le regarder !

Maître Cornille est tellement content qu'il pleure de joie.

— Vite ! s'exclame-t-il. Donnons tout ce blé à mon moulin ! Il y a tellement longtemps que ses ailes ne tournent plus !

Les paysans aident le vieux meunier à faire la farine.

À la fin de la journée, tout le monde reste au moulin pour faire la fête : on mange, on boit, on chante, on rit, on joue de la musique et on danse la farandole. Maître Cornille n'a jamais été aussi heureux.

Depuis ce jour-là, tous les paysans du village apportent de nouveau leur blé à maître Cornille qui a réussi à sauver l'honneur de son moulin.

Compréhension écrite et orale

1 Lisez le chapitre, puis répondez aux questions.

1 Qui est Francet Mamaï ?

2 Pourquoi Francet Mamaï se rend-il chez maître Cornille ?

3 Comment Vivette réussit-elle à voir ce qu'il y a dans le moulin ?

4 Que découvre Vivette dans le moulin ?

5 Que transporte réellement maître Cornille tous les soirs ?

6 Pourquoi maître Cornille a-t-il inventé ce stratagème ?

7 Que fait Francet Mamaï lorsqu'il découvre le stratagème de maître Cornille ?

8 Que fait maître Cornille lorsqu'il pense que son moulin est déshonoré ?

9 Comment réagit-il lorsqu'il voit arriver tous les paysans chez lui ?

10 Que font les paysans et maître Cornille à la fin de la journée ?

DELF **2** Écoutez l'enregistrement du chapitre, puis complétez les phrases avec les mots proposés.

> clé   coin   échelle   état   fenêtre   fils   habitants   lit
> marche   ouverts   pain   par terre   secret   vêtements

1 Les .... du village veulent découvrir le .... de Cornille.

2 Le .... du joueur de flûte aime Vivette.

3 La porte du moulin est fermée à ....

4 La .... est ouverte et l'................ est dehors.

5 Le .... est en mauvais ....

6 Les vieux .... sont ....

7 Le morceau de .... est sur une .... de l'escalier.

8 Les sacs .... sont dans un .... de la pièce.

Enrichissez votre **vocabulaire**

1 Associez chaque instrument de musique à l'image correspondante.

a	un violon	**d**	une guitare	**g**	une flûte
b	un tambour	**e**	un accordéon	**h**	une trompette
c	un piano	**f**	un saxophone	**i**	une batterie

1 ☐ 2 ☐ 3 ☐

4 ☐ 5 ☐ 6 ☐

7 ☐ 8 ☐ 9 ☐

A   C   T   I   V   I   T   É   S

Grammaire

L'impératif

On utilise l'impératif pour donner un **ordre**, un **conseil** ou **demander quelque chose**. À la forme négative, il exprime une **interdiction**.

L'impératif est formé de trois personnes (la deuxième du singulier, la première et la deuxième du pluriel) et il n'a pas de pronom personnel sujet.

Prends *l'échelle !*   **Prenons** *l'échelle !*   **Prenez** *l'échelle !*

Ne rentre pas *dans mon moulin !*

L'impératif se conjugue comme le présent de l'indicatif, mais à la 2ᵉ personne du singulier, le **-s** final des verbes du 1ᵉʳ groupe disparaît.

Tu **épouses** *ma fille.*   Présent de l'indicatif

Épouse *ma fille !*   Impératif

1 Conjuguez les verbes entre parenthèses à l'impératif.

1   (*Retourner, nous*) .... au moulin de maître Cornille !

2   (*Aller, vous*) .... chez le vieux meunier !

3   (*Monter, tu*) .... voir ce qu'il y a dans le moulin !

4   (*Donner, nous*) .... tout ce blé à mon moulin !

5   (*Charge, vous*) .... l'âne de maître Cornille !

6   (*Manger, tu*) .... ce morceau de pain !

Production écrite et orale

 1 Aimez-vous la musique ? Jouez-vous d'un instrument de musique ? Quel est votre instrument préféré ?

37

Le moulin de Cucugnan.

Les moulins

Les moulins à vent

Les moulins à vent produisaient de l'énergie grâce au vent. Ils servaient principalement à transformer les grains de céréales en farine, mais ils étaient également utilisés pour assécher les zones marécageuses [1], assurer l'irrigation [2] et produire de l'huile.

Les moulins à vent sont apparus en Orient, en Égypte et en Iran, puis ils se sont répandus en Europe vers le XIIe siècle : en France, le premier moulin à vent date de 1170.

Il existe plusieurs types de moulin à vent, mais le plus commun est le **moulin-tour**. Il se compose d'une **tour** et d'un **toit orientable** dans le sens du vent et de **quatre ailes** fixées sur le toit. La forme et le matériau [3] des ailes varient selon les régions.

Au XIXe siècle, les moulins à vent disparaissent peu à peu à cause de l'arrivée de l'électricité et du développement de l'industrie. Depuis

1. **Marécageux** : sol qui est plein d'eau.
2. **L'irrigation** : donner de l'eau aux plantes grâce à des tuyaux.
3. **Un matériau** : matière qui sert à fabriquer un objet.

quelques années, certaines associations restaurent ces moulins et leur redonnent vie : en 2006, le moulin de Cucugnan, un petit village de Provence, a recommencé à fonctionner. À Fontvieille, village où Alphonse Daudet a séjourné, se trouve le moulin qui a inspiré les *Lettres de mon moulin*.

Les moulins à eau

Les moulins à eau sont beaucoup plus anciens que les moulins à vent. En effet, ils sont apparus en Europe durant l'Antiquité. Au Moyen Âge, ils évoluent considérablement et remplacent peu à peu les « moulins à sang », qui utilisaient la force humaine ou animale. Installés près d'un cours d'eau, ils sont équipés d'une **roue** verticale ou horizontale.

Un moulin à eau.

On utilisait ces moulins pour broyer des céréales, travailler des métaux et actionner des pompes, mais ils étaient aussi employés dans l'industrie textile. Les moulins à eau pouvaient également produire de l'électricité avec un générateur.

Comme le moulin à vent, le moulin à eau a peu à peu disparu au XIXe siècle avec le développement de l'électricité et de l'industrie.

Moulin à eau de Braine-le-Château, Belgique.

Compréhension écrite

1 **Lisez le dossier, puis répondez aux questions.**

1 À quoi sert un moulin à vent ?

2 À quelle époque se sont répandus les moulins à vent en Europe ?

3 Quel est le type de moulin à vent le plus répandu ?

4 Combien d'ailes comptent généralement les moulins à vent ?

5 En quelle année a été remis en marche le moulin de Cucugnan ?

6 À quelle époque est apparu le moulin à eau ?

7 Qu'est ce qu'un « moulin à sang » ?

8 Où sont installés les moulins à eau ?

9 Quelles sont les utilisations d'un moulin à eau ?

10 Pourquoi les moulins à eau et à vent ne sont-ils plus utilisés depuis le XIXe siècle ?

Avant de lire

1 Les mots suivants sont utilisés dans le chapitre. Associez chaque mot à l'image correspondante.

a une place   d un artisan   g une vigne

b une mule   e une écurie   h un bol

c un cardinal   f un palais   i une procession

La mule du pape

PREMIÈRE PARTIE

L'histoire se passe à Avignon au temps du pape Boniface. À cette
époque, la joie, la paix et la convivialité règnent dans la ville. Du
matin au soir, on assiste à des processions et à des fêtes. Les
rues sont couvertes de fleurs, les soldats du pape chantent en
latin sur les places et les artisans travaillent joyeusement.
Souvent, on entend le son des flûtes et des tambourins, parce
qu'en Provence, quand le peuple est content, il faut qu'il danse !
Et comme les rues sont étroites, les gens vont danser la farandole
sur le pont d'Avignon.

Le peuple adore Boniface. C'est un pape souriant, gentil et un
peu original. En effet, il possède une vigne qu'il a plantée
lui-même près d'Avignon, sur une petite colline. Tous les
dimanches, après la messe, il va voir son petit vignoble avec ses
fidèles cardinaux. Là-haut, il s'assoit, regarde sa vigne avec
amour et ouvre une bouteille de son vin, qu'il déguste lentement.
Le soir, il rentre en ville par le pont d'Avignon et il passe au milieu
des gens qui jouent du tambourin et dansent la farandole.

— Ah ! Le brave pape ! s'exclame toujours le peuple sur son passage.

Ce que le pape aime le plus au monde après sa vigne, c'est sa mule : une belle mule noire tachetée de rouge. Malgré les critiques de ses cardinaux, Boniface se rend tous les soirs à l'écurie. Il apporte à son animal préféré un grand bol de vin chaud avec beaucoup de sucre et d'épices. La mule adore ça.

À cette époque de l'histoire, tout le monde respecte la mule du pape. En effet, cette brave bête, avec son air innocent et ses deux longues oreilles, a conduit Tistet Védène à la richesse...

Chassé [1] de chez lui par son père à cause de sa paresse, Tistet Védène est un jeune homme insolent et irrespectueux.

Un jour, le pape Boniface se promène avec sa mule près du palais. Tistet Védène s'approche, caresse doucement l'animal et dit :

— Ah, grand Saint-Père ! Quelle belle mule ! Comme elle semble douce et gentille !

Le jeune homme sait très bien que le pape Boniface adore sa mule et il espère ainsi gagner sa confiance.

— L'empereur d'Allemagne n'a pas une mule aussi belle ! poursuit-il. C'est un vrai trésor, une perle fine !

Flatté, le pape décide de faire entrer Tistet à son service et il lui demande de venir le lendemain matin au palais.

1. **Chasser** : obliger à partir.

Compréhension écrite et orale

DELF ❶ **Écoutez l'enregistrement du chapitre, puis cochez la bonne réponse.**

1 L'histoire se passe à Avignon au temps du pape
   a ☐ Ponijace.   b ☐ Bofinace.   c ☐ Boniface.

2 En Provence, quand le peuple est content, il
   a ☐ chante.   b ☐ hurle.   c ☐ danse.

3 Sur le pont d'Avignon, les gens jouent du tambourin et dansent la
   a ☐ valse.   b ☐ farandole.   c ☐ tarentelle.

4 Tous les dimanches, après la messe, le pape va voir
   a ☐ ses vignes.   b ☐ sa mule.   c ☐ ses cardinaux.

5 Le pape possède une mule noire avec des taches
   a ☐ rouges.   b ☐ blanches.   c ☐ vertes.

6 La mule du pape boit tous les soirs un grand bol de
   a ☐ lait chaud.   b ☐ chocolat chaud.   c ☐ vin chaud.

7 La brave mule a conduit Tistet Védène à la
   a ☐ pauvreté.   b ☐ richesse.   c ☐ tristesse.

8 Tistet Védène a été chassé de chez lui à cause de
   a ☐ sa paresse.   b ☐ sa timidité.   c ☐ son insolence.

9 Tistet Védène est un jeune homme
   a ☐ gentil.   b ☐ serviable.   c ☐ insolent.

10 Le pape prend Tistet Védène à son service parce qu'il est
   a ☐ triste.   b ☐ content.   c ☐ flatté.

2 Retrouvez les questions aux réponses suivantes.

1 .... ?

L'histoire se passe à Avignon.

2 .... ?

Sur le pont d'Avignon, les gens dansent la farandole.

3 .... ?

Le dimanche, le pape va voir son vignoble.

4 .... ?

La mule du pape est noire tachetée de rouge.

Enrichissez votre **vocabulaire**

1 Retrouvez le nom de ces épices dans la grille.

> le curry   le paprika   le safran   la cannelle
> la coriandre   le cumin   le piment   le curcuma

C	O	R	I	A	N	D	R	E
P	T	Y	J	K	M	L	C	V
A	A	S	A	F	R	A	N	B
P	C	A	N	N	E	L	L	E
R	Z	C	U	R	C	U	M	A
I	Q	H	M	C	U	R	R	Y
K	T	I	N	W	M	Q	A	Z
A	G	T	O	P	I	N	H	D
D	P	I	M	E	N	T	T	L

Production écrite et orale

DELF **1** Quelles sont vos passions ? Parlez-en en quelques lignes.

DELF **2** Racontez une fête où vous êtes allé(e) qui vous a beaucoup plu.

Avant de lire

1 **Les mots suivants sont utilisés dans le chapitre. Associez chaque mot à l'image correspondante.**

a l'avoine   c un clocher   e une église
b un balcon   d une queue   f un clerc

2 **Associez chaque mot ou expression à son synonyme.**

1 ☐ Il <u>joue la comédie</u>.   a dort
2 ☐ Vous ne serez pas <u>déçus</u> !   b le calvaire
3 ☐ Il veut se faire <u>remarquer</u>.   c pressent
4 ☐ <u>Le martyre</u> de la mule commence.   d simule
5 ☐ Il <u>se doute</u> de quelque chose.   e mécontents
6 ☐ Le pape <u>fait une sieste</u>.   f voir

DEUXIÈME PARTIE

Quand il commence à travailler pour le pape, Tistet Védène
continue à jouer la comédie : il est méchant avec tout le monde,
mais extrêmement gentil avec la mule. Tous les jours, il va à
l'écurie pour donner de l'avoine à l'animal. Bien évidemment, il
passe toujours devant le balcon du pape pour se faire remarquer.

Un jour, le pape dit au jeune homme :

— Je suis vieux et fatigué maintenant. Je ne peux plus apporter
à ma mule son grand bol de vin chaud au sucre et aux épices.
Maintenant, c'est donc toi qui le feras.

— Vous m'honorez, répond Tistet Védène. Vous savez combien
j'aime et je respecte votre mule. Vous ne serez pas déçu !

Tistet Védène commence son nouveau travail dès le
lendemain. Le jeune homme est content de sa nouvelle fonction,
mais pas la mule...

Tous les soirs, le jeune homme va à l'écurie accompagné de
cinq ou six clercs. Dès qu'ils arrivent, le martyre de la pauvre
mule commence... En effet, ce sont les jeunes clercs et Tistet

Védène qui boivent le vin qu'elle adore et qui lui tient chaud.

En plus, ce sont de véritables diables ! Ils lui tirent les oreilles et la queue ou montent sur son dos ! Mais le plus méchant de tous, c'est Tistet Védène.

Un jour, le jeune homme emmène la mule tout en haut du clocher de l'église et il fait croire au pape qu'elle y est montée toute seule. La mule désire alors une seule chose : se venger [1] !

« Ah ! Quel joli coup de sabot je vais te donner demain ! » pense-t-elle.

Malheureusement, le lendemain, Tistet Védène part en Italie, à la cour de Naples.

« Ah, tu t'es douté de quelque chose, misérable ! » se dit la mule très en colère. « Mais ne t'inquiète pas, je te garde ton coup de sabot... pour ton retour ! »

Après le départ de Tistet Védène, la mule retrouve sa vie tranquille d'avant, sa bonne humeur et le soir, son grand bol de vin chaud au sucre et aux épices. Elle est heureuse, mais il y a encore une chose qui la fait souffrir. En effet, depuis la triste histoire du clocher, le pape n'a plus confiance en elle. Le dimanche, lorsqu'il revient de sa vigne, il ne fait plus de petite sieste sur son dos, parce qu'il a toujours peur de se retrouver tout en haut du clocher !

---

1. **Se venger :** faire du mal à une personne parce qu'elle nous a fait du mal.

Compréhension écrite et orale

1 Lisez le chapitre, puis dites si les affirmations sont vraies (V) ou fausses (F).

	V	F
1 Tistet Védène est très méchant avec la mule du pape.	☐	☐
2 Le pape ne peut plus apporter son bol de vin à sa mule.	☐	☐
3 La mule est contente que Tistet Védène s'occupe d'elle.	☐	☐
4 Les jeunes clercs tirent les oreilles et la queue de la mule.	☐	☐
5 La mule veut donner un coup de sabot à Tistet Védène.	☐	☐
6 Tistet Védène ne part pas à la cour de Naples.	☑	☐

2 Associez chaque début de phrase à sa fin.

1 ☐ Tistet Védène est méchant avec tout le monde, mais
2 ☐ Le jeune homme passe devant le balcon du pape
3 ☐ Le pape ne peut plus apporter à sa mule
4 ☐ Tistet Védène emmène la mule
5 ☐ Ah ! Quel joli coup de sabot
6 ☐ Après le départ de Tistet Védène en Italie,

a je vais te donner demain !
b son grand bol de vin chaud au sucre et aux épices.
c il est très gentil avec la mule du pape.
d la mule retrouve sa bonne humeur.
e pour se faire remarquer.
f tout en haut du clocher de l'église.

Enrichissez votre **vocabulaire**

1 Associez chaque mot à l'image correspondante

a   une assiette   d   un verre   g   une tasse

b   une cuillère   e   une fourchette   h   un couteau

c   une casserole   f   un saladier   i   une poêle

 1

 2

 3

 4

 5

 6

 7

 8

 9

2 Complétez les phrases avec les mots de l'exercice précédent.

1 Pour manger, j'utilise une ....

2 Pour boire de l'eau, je prends un ....

3 Je sers le café ou le thé dans une ....

4 Je l'utilise pour manger la soupe : c'est une ....

5 Généralement, je mange dans une ....

6 Je mets la salade dans un ....

7 Pour couper la viande, j'utilise un ....

8 Pour faire cuire des aliments, j'utilise une ....
ou une ....

3 Associez chaque mot souligné à son synonyme.

1 ☐ Le peuple danse la farandole.   a affectueuse

2 ☐ Le pape Boniface est très brave.   b les habitants

3 ☐ Tistet Védène est paresseux.   c gentil

4 ☐ La mule du pape est très douce.   d honoré

5 ☐ Le jeune homme est irrespectueux.   e incorrect

6 ☐ Le pape est très flatté.   f Il ne fait rien.

Production écrite et orale

DELF **1** Quel est votre plat préféré ? Énumérez les ingrédients qui le composent.

DELF **2** Décrivez en quelques phrases ce que vous mangez au petit-déjeuner.

PROJET INTENET

Le vin

Rendez-vous sur le site www.blackcat-cideb.com. Écrivez le titre ou une partie du titre du livre dans la barre de recherche, puis sélectionnez le titre. Dans la page de présentation du livre, cliquez sur le nom du projet Internet pour accéder aux liens.

A Cliquez sur la région « Provence ».
  ▶ Quel peuple a planté les premiers ceps ?
  ▶ Quelle est la grande spécialité de la région ?
  ▶ Citez trois cépages et deux vins de Provence importants.

B Cliquez sur la région « Champagne », « Fabrication du champagne ».
  ▶ Qui a élaboré pour la première fois le champagne ? À quelle époque ?
  ▶ Quels sont les trois types de cépages utilisés pour fabriquer le champagne ?
  ▶ Quelles sont les trois zones principales de la région Champagne ?

C Cliquez sur la rubrique « Lexique du vin ».
  ▶ Que signifie AOC ?
  ▶ Qu'est-ce qu'un *cep* ?
  ▶ Qu'est-ce qu'un *cru classé* ?
  ▶ Que signifie *millésime* ?

TROISIÈME PARTIE

Les mois, puis les années passent. La mule semble tranquille, **mais en réalité, elle attend le retour de Tistet Védène pour accomplir sa vengeance.**

Sept ans plus tard, le jeune homme revient enfin à Avignon. Il a appris que le premier assistant du pape est mort, et il souhaite prendre sa place. Cependant, lorsqu'il entre dans la grande salle du palais, le pape ne le reconnaît pas.

— Grand Saint-Père, vous ne me reconnaissez pas ? ! s'exclame-t-il. C'est moi, Tistet Védène, l'ancien protecteur de votre mule !

— Ah ! Oui... Oui... Je me rappelle..., dit le pape. Qu'est-ce que je peux faire pour toi ?

— Oh, peu de chose, grand Saint-Père... Je viens seulement vous demander la place du premier assistant qui vient de mourir.

— Premier assistant, toi ! réplique le pape. Mais tu es trop jeune ! Quel âge as-tu ?

— Vingt ans et deux mois, répond Tistet. Cinq ans de plus que votre mule... À propos, comment va-t-elle ? Ah, comme j'aime votre

mule, comme elle m'a manqué en Italie ! Est-ce que je peux la voir ?

— Oui, tu peux la voir, répond le pape très ému [1]. Et puisque tu aimes cette brave bête, tu ne dois pas vivre loin d'elle. Je te nomme premier assistant. Viens demain après la messe pour prendre tes fonctions. Ensuite, nous irons voir ma vigne avec la mule et nous boirons un peu de vin.

Tistet Védène est très heureux, mais il n'est pas le seul... Quelqu'un d'autre attend avec impatience la cérémonie... la mule ! Le lendemain, tous les cardinaux et les clercs sont dans la cour du palais pour assister à la cérémonie. Lorsque Tistet Védène arrive, on joue de la musique et on fait sonner les cloches. Au loin, on entend le son des tambourins et les cris des gens qui dansent la farandole sur le pont.

Le jeune homme entre, salue l'assemblée et s'avance vers le pape. Cependant, au bas de l'escalier, il y a... la mule ! Lorsque Tistet Védène passe près d'elle, il s'arrête et la caresse doucement sur le dos.

« La position est parfaite » se dit la mule. Elle prend son élan [2] et...

— Tiens ! Prends-ça, misérable ! crie-t-elle. Voilà sept ans que je te garde ce coup de sabot !

Le choc est si violent que le jeune homme meurt sur le coup [3].

D'habitude, les coups de sabot ne sont pas mortels, mais la mule du pape est un animal très particulier, et puis, elle attendait ce moment depuis si longtemps !

Depuis ce jour, les gens font très attention lorsqu'ils parlent de la mule du pape. En effet, il est préférable de ne pas la mettre en colère...

1. **Ému** : qui manifeste de l'émotion.
2. **L'élan** : mouvement rapide vers l'avant.
3. **Sur le coup** : immédiatement.

Compréhension écrite et orale

DELF **1** Écoutez l'enregistrement du chapitre, puis cochez la bonne réponse.

1 La mule attend le retour de Tistet Védène pour accomplir sa
   a ☐ mission.
   b ☐ vengeance.
   c ☐ promesse.

2 Tistet Védène revient à Avignon après une absence de
   a ☐ huit ans.
   b ☐ sept ans.
   c ☐ neuf ans.

3 Le jeune homme veut devenir
   a ☐ premier assistant.
   b ☐ deuxième assistant.
   c ☐ cardinal.

4 Tistet Védène a maintenant
   a ☐ dix-huit ans et deux mois.
   b ☐ vingt ans et deux mois.
   c ☐ vingt ans et quatre mois.

5 La cérémonie pour Tistet Védène se déroule
   a ☐ dans une église.
   b ☐ près de la vigne du pape.
   c ☐ dans la cour du palais.

6 Lorsque Tistet Védène arrive pour la cérémonie, on fait sonner les
   a ☐ tambours.
   b ☐ trompettes.
   c ☐ cloches.

7 Pendant la cérémonie, la mule se trouve
   a ☐ au bas de l'escalier.
   b ☐ près de la porte.
   c ☐ dans le jardin du palais.

2 Écoutez l'enregistrement, puis cochez la ou les bonne(s) réponse(s).

DELF

Âge : ☐ 30 ans ☐ 25 ans ☐ 20 ans

Date de naissance : ☐ 26/03/1320 ☐ 16/03/1310
☐ 10/03/1330 ☐ 06/03/2010

Lieu de naissance : ☐ Nîmes ☐ Paris ☐ Avignon

Taille : ☐ grand ☐ petit ☐ gros ☐ mince

Cheveux : ☐ roux ☐ bruns ☐ blond ☐ châtains
☐ longs ☐ courts ☐ raides ☐ bouclés

Situation familiale : ☐ divorcé ☐ marié ☐ célibataire

Profession : ☐ cardinal ☐ évêque ☐ premier assistant

Enrichissez votre **vocabulaire**

1 Écoutez l'enregistrement, puis associez chaque danse folklorique à la région correspondante.

1 ☐ La farandole
2 ☐ La gavotte
3 ☐ Le fandango
4 ☐ La bourrée
5 ☐ Le rondeau
6 ☐ La marchoise

a Le Poitou
b La Gascogne
c La Provence
d La Bretagne
e L'Auvergne
f Le Pays basque

La Bretagne
Le Poitou
L'Auvergne
La Gascogne
Le Pays basque
La Provence

2 Complétez la grille de mots fléchés à l'aide des définitions et des mots proposés.

> tarentelle   flamenco   rock'n'roll   salsa   valse
> hip-hop   paso doble   samba   tango

1   Danse traditionnelle de l'Italie du Sud.

2   Danse populaire d'origine américaine.

3   Danse de salon d'origine argentine.

4   Danse actuelle d'origine nord-américaine.

5   Danse de salon à trois temps.

6   Danse d'origine brésilienne.

7   Danse afro-cubaine.

8   Danse moderne d'origine espagnole.

9   Danse traditionnelle de l'Andalousie.

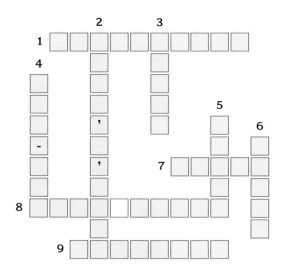

Grammaire

Les verbes *devoir, pouvoir, vouloir*

Devoir, **pouvoir** et **vouloir** sont des verbes du 3e groupe. Lorsqu'ils sont suivis d'un verbe à l'infinitif, ils modifient le sens de ce verbe.

Devoir indique l'obligation.

*Les gens **doivent** faire attention à la mule du pape.*

Devoir : *je dois, tu dois, il/elle/on doit, nous devons, vous devez, ils/elles doivent*

Pouvoir indique la possibilité, la capacité.

*Je **peux** faire quelque chose pour toi ?*

Pouvoir : *je peux, tu peux, il/elle/on peut, nous pouvons, vous pouvez, ils/elles peuvent*

Vouloir indique l'intention, le désir.

*Tistet Védène **veut** devenir premier assistant.*

Vouloir : *je veux, tu veux, il/elle/on veut, nous voulons, vous voulez, ils/elles veulent*

1 Conjuguez les verbes entre parenthèses au présent de l'indicatif.

1 La mule (*vouloir*) .... donner un coup de sabot à Tistet.

2 Nous (*devoir*).................... attendre son retour.

3 Je (*devoir*) .... me préparer pour être à l'heure.

4 Ils (*pouvoir*) .... venir à la cérémonie ?

5 Si vous (*vouloir*) ...., vous (*pouvoir*) .... venir demain matin.

6 Si tu aimes cette personne, tu ne (*devoir*) .... pas vivre loin d'elle.

7 Nous (*vouloir*) .... gagner ce concours.

8 Tu (*pouvoir*) .... y arriver si tu le veux.

1 Complétez les phrases avec les mots proposés.

> âne   blé   captivité   chèvre   farine   mistral
> montagne   moulin   mule   paysan   sac   vigne

1   Monsieur Seguin est un vieux .... qui vit en Provence.

2   La .... blanche se trouve dans le jardin de la maison.

3   Blanquette ne veut plus vivre en .... et elle décide de s'enfuir dans la ....

4   Maître Cornille transforme le .... en ....

5   Le vieux paysan transporte un .... de farine sur son ....

6   Le .... fait tourner les ailes du .... à vent.

7   Le pape Boniface adore deux choses : sa .... et sa ....

2 Répondez aux questions et découvrez le mot mystérieux.

1   Qui est monsieur Seguin ? ☐ _ _ _ _ _

2   Qu'utilise monsieur Seguin pour attacher Blanquette ? _ _ ☐ _ _

3   Où veut aller Blanquette ? _ ☐ _ _ _ _ _ _

4   Comment s'appelle la petite-fille de maître Cornille ? _ _ ☐ _ _ _ _

5   Que fait-on avec du blé ? _ _ _ _ _ ☐

6   Où monsieur Seguin installe-t-il Blanquette ? _ _ _ _ _ ☐

7   Où dort la mule ? _ ☐ _ _ _ _

8   Où le pape se rend-il le dimanche ? _ _ _ _ _ _ _ ☐

Le mot mystérieux est _ _ _ _ _ _ _ _ .